Montags Schwimmen, Mittwochs Yoga und am Wochenende rauf aufs Fahr-
rad: Dabei können Sie Ihre Sachen jetzt auf stilvolle Weise immer dabei
haben.

Mit „tausend und meine Tasche" finden Sie sicher einen neuen stylischen
Begleiter, der alle notwendigen Utensilien parat hält. Denn mit einer selbst
genähten Tasche in coolem Design und in bunten Farben sind Sie für Sport
und Fitness bestens gerüstet und machen garantiert in jeder Disziplin eine
gute Figur!

Starten Sie jetzt Ihr selbst gefertigtes Taschenprogramm – wir wünschen
Ihnen viel Spaß beim Nähen!

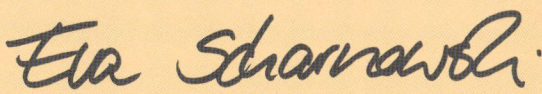

Strandtasche

für den Urlaub am Meer

GRÖSSE

35 cm x 65 cm x 20 cm

MATERIAL

* Oberstoff: laminierter Baumwollstoff mit bunten Schirmen, 1,40 m x 1,10 m
* Decovil, 65 cm x 20 cm
* Vlieseline, 70 cm x 60 cm
* Baumwollschrägband in Grün, 2 cm breit, 2,70 m lang
* Reißverschluss in Weiß, 65 cm lang
* Reißverschluss in Weiß, 20 cm lang
* Wäscheleine, 1,40 m lang
* doppelseitiges Klebeband

ZUSCHNITT

TASCHE

* Schnittteil 1: 2x Oberstoff, 1x Decovil, 1x Vlieseline
* Schnittteil 2: 2x Oberstoff
* Schnittteil 3: je 2x Oberstoff, Vlieseline
* Schnittteil 4: je 2x Oberstoff, Vlieseline
* 1x Stoffstreifen für Paspel aus Oberstoff, 5 cm x 140 cm
* 2x Stoffstreifen zum Einfassen der Reißverschlussenden aus Oberstoff, 3 cm x 12 cm

INNENTASCHE

* Schnittteil 5: 1x Oberstoff
* Schnittteil 5a: 1x Oberstoff

SCHNITTMUSTERBOGEN

1 A + 1 B

1 Die Schnittteile zuschneiden. Vlieseline und Decovil für die Schnittteile 1 bis 4 auf die linke Stoffseite bügeln. Die Seitennähte von Teil 2 mit einer Kappnaht schließen und die Naht von der linken Stoffseite in eine Richtung bügeln (siehe „So wird's gemacht").

2 Den Stoffstreifen für die Paspel in Längsrichtung links auf links legen und 1 cm breit absteppen. Die Wäscheleine durch den „Tunnel" ziehen und die Nahtzugabe auf 5 mm zurückschneiden, sodass sich eine gesamte Bandbreite von ca. 1,5 cm ergibt. Auf die rechte Stoffseite von Schnittteil 1 die Paspel annähen (siehe „So wird's gemacht").

3 Schnittteil 2 gemäß Markierung rechts auf rechts auf Schnittteil 1 heften und knapp entlang der Paspelkante zusammennähen. Die Nahtzugabe auf 5 mm zurückschneiden und mit dem grünen Baumwollschrägband einfassen (siehe „So wird's gemacht").

4 Das mit Decovil verstärkte Schnittteil 1 rundherum ca. 1 cm kleiner schneiden, die Kante mit dem grünen Baumwollschrägband einfassen und mit doppelseitigem Klebeband auf der Rückseite des Bodens in die Tasche einlegen.

5 Die Schnittteile 4 links auf links in den Stoffbruch legen und mit einem Bügeltuch auf mittlerer Stufe bügeln. Die Seitenkanten 5 mm breit zur linken Stoffseite einschlagen, mit einem Bügeltuch überbügeln und zusammenheften. Dann im Abstand von 2 mm absteppen und gemäß der Markierung auf Schnittteil 2 an der Oberkante annähen.

6 Innentasche: Wie auf den Markierungen für Schnittteil 5 und 5a angegeben den 20 cm langen Reißverschluss knappkantig einnähen. Die Stoffbruchkante von Teil 5 von der linken Stoffseite bügeln und die Seitenkanten rechts auf rechts schließen. Den Reißverschluss auf die Breite der Nahtzugabe zurückschneiden und vorsichtig mit dem Feuerzeug ansengen. Nun das Teil durch die offene Kante wenden und gemäß Schnittteilmarkierung an die Oberkante von Schnittteil 2 annähen.

7 Den 65 cm langen Reißverschluss knappkantig an die Schnittteile 3 nähen. Eventuell am unteren Ende etwas kürzen und mit den beiden Stoffstreifen die Enden schmal einfassen.

8 Wie auf der Markierung für Schnittteil 2 angegeben, die Schnittteile 3 mit Reißverschluss an die Oberkante rechts auf rechts annähen. Die Naht mit einem Bügeltuch und mittlerer Temperatur ausbügeln und schmal an der Oberkante auf der rechten Stoffseite absteppen. An der Stelle, wo die Innentasche eingenäht ist, nochmals 1 cm breit absteppen.

Umhängetäschchen
passend zur Strandtasche

SCHNITTMUSTERBOGEN
2 A

GRÖSSE

22 cm x 18 cm x 1 cm

MATERIAL

* Oberstoff 1: Baumwollsatin mit bunten Schirmen, 45 cm x 30 cm

* Oberstoff 2: laminierter Baumwollstoff mit bunten Schirmen, 20 cm x 18 cm

* Oberstoff 3: Netzstoff in Weiß, 12 cm x 18 cm

* Futterstoff: Baumwollstoff in Pink, 45 cm x 30 cm

* Volumenvlies, 45 cm x 30 cm

* Vlieseline, 20 cm x 18 cm

* 3 Reißverschlüsse in Weiß, 20 cm lang

* Gurtband in Weiß, 2,5 cm breit, 1,30 m lang

ZUSCHNITT

* Schnittteil 1: je 2x Oberstoff 1, Futterstoff, Volumenvlies

* Schnittteil 2: je 1x Oberstoff 2, Vlieseline

* Schnittteil 3: 1x Oberstoff 3

1 Die Schnittteile zuschneiden. Die Einlagen für die Schnittteile 1 und 2 für Oberstoff 1 und Oberstoff 2 jeweils auf die linke Stoffseite bügeln. Die eine Seite von Reißverschluss Nr. 3 schmalkantig gemäß der Markierung auf Schnittteil 3 annähen, die andere Reißverschlussseite nach der Markierung auf Schnittteil 1 annähen. Reißverschluss Nr. 2 gemäß Schnittteil 2 schmalkantig annähen und die andere Reißverschlussseite gemäß Schnittteil 1 annähen. Die Seitenkanten schmalkantig absteppen und darauf achten, dass beim Übernähen der Reißverschlüsse die „Zähne" exakt übereinanderliegen (siehe „So wird's gemacht").

2 An die Oberkanten der Schnittteile 1 aus Oberstoff 1 den Reißverschluss Nr. 1 jeweils schmalkantig annähen. Vorderteil und Rückteil rechts auf rechts aufeinanderlegen, dabei den Reißverschluss zur Hälfte geöffnet lassen und die Seitennähte zunähen. Die Nahtzugaben auf 5 mm zurückschneiden, die Ecken schräg zurückschneiden und mit einem Feuerzeug vorsichtig die abgeschnittenen Enden des Reißverschlusses ansengen. Wenden und die Ecken ausformen (siehe TOPP-Tipps). Jetzt noch gemäß der Markierung auf Schnittteil 1 auf dem Vorder- und Rückteil das Gurtband annähen.

3 Für das Innenfutter nun die Schnittteile 1 aus Futterstoff rechts auf rechts an den Seitenkanten zusammennähen und die Nahtzugaben auseinanderbügeln. Die Oberkante mit der rechten Seite auf das innenliegende Reißverschlussband heften. Dann knapp entlang der Reißverschlusszähne annähen bis jeweils kurz vor die Reißverschlussenden. Das Innenfutter nun links auf links auf die Außentasche legen und die noch offenen Stellen an den Reißverschlussenden von Hand schließen. Die untere offene Naht 5 mm zur linken Seite einschlagen und knappkantig absteppen. Die Tasche wenden.

Oberarmtasche
praktisch zum Joggen

GRÖSSE
13 cm x 10 cm x 1 cm

MATERIAL
* Oberstoff 1: Microvelour in Hell-blau, 15 cm x 20 cm
* Oberstoff 2: Baumwollstoff in Grau mit Hahnentrittmuster, 15 cm x 25 cm
* Vlieseline, 30 cm x 25 cm
* 2 Nahtreißverschlüsse in Türkis, 15 cm lang
* Gummiband in Schwarz, 4 cm breit, 65 cm lang
* Klettband in Schwarz, 4 cm breit, 30 cm lang
* Metallöse, brüniert, ø 1,4 cm
* Baumwollschrägband in Schwarz, 2 cm breit, 8 cm lang
* Karabinerhaken in Silber
* Rest Decovil oder starke Vliese-line als Unterlage für die Metall-öse, 2 cm x 2 cm

ZUSCHNITT
* Schnittteil 1: je 1x Oberstoff 1, Vlieseline
* Schnittteil 2: je 1x Oberstoff 2, Vlieseline
* Schnittteil 2a: je 1x Oberstoff 2, Vlieseline
* Schnittteil 3: je 1x Oberstoff 2, Vlieseline

SCHNITTMUSTERBOGEN 1 B

1 Die Schnittteile zuschneiden. Die Vlieseline für die Schnittteile 1 bis 3 auf die linke Stoffseite bügeln. Alle Teile mit Zickzackstich versäubern.

2 An die Oberkante von Schnittteil 3 eine Seite des einen Reißverschlusses knappkantig einnähen. Das Baumwoll-schrägband durch den Karabinerhaken ziehen und gemäß der Schnittmarkie-rung auf Schnittteil 2a festnähen. Darü-ber die andere Seite des Reißverschlus-ses von Teil 3 annähen.

3 Den zweiten Reißverschluss an die Oberkante von Schnittteil 2a und die Unterkante von Schnittteil 2 knappkan-tig einnähen. Die Metallöse gemäß der Markierung auf Schnittteil 2 nach der Herstellerbeschreibung anbringen und eine Unterlage aus Decovil oder starker Vlieseline zuschneiden, damit die Öse nicht ausreißt.

4 Das 65 cm lange Gummiband hal-bieren und die beiden Bänder an den Längskanten mit einem engen Zickzack-stich miteinander vernähen, sodass eine Bandbreite von ca. 7,5 cm entsteht. Hier-aus zwei Bänder zuschneiden, das eine ca. 17 cm und das andere 15 cm lang. Gemäß Schnittteil 1 die beiden Bänder annähen. Das zusammengesetzte Vor-derteil rechts auf rechts auf das Schnitt-teil 1 nähen, dabei liegen die Gummi-bänder wie in einer „Tasche" zwischen Vorder- und Rückteil. Durch den oberen Reißverschluss wenden.

5 Das Ende des 17 cm langen Gummi-bands zur Vorderseite hin ca. 1,5 cm umschlagen und knappkantig mit Zick-zackstich absteppen. Zwei Klettflausch-bänder von je 14 cm Länge nebenein-ander über das ganze Gummiband rundherum annähen.

6 Das Ende des 15 cm langen Gummi-bandes zur Rückseite hin ebenfalls ca. 1,5 cm umschlagen und knappkantig mit Zickzackstich absteppen. Zwei Klett-hakenbänder von je 7 cm Länge neben-einander über die ganze Breite des Gummibands rundherum annähen.

Kulturtasche

zum Aufhängen und mit vielen Fächern

GRÖSSE

25 cm x 25 cm x 10 cm

MATERIAL

* Oberstoff: laminierter Baumwoll-stoff in Grün mit Ellipsenmuster, 80 cm x 60 cm
* Futterstoff 1: laminierter Baum-wollstoff in Creme mit Rosenmuster, 30 cm x 30 cm
* Futterstoff 2: Netzstoff in Weiß, 40 cm x 60 cm
* Volumenvlies, 70 cm x 50 cm
* Vlieseline, 30 cm x 30 cm
* Decovil light, 75 cm x 30 cm
* 2 Reißverschlüsse in Weiß, 25 cm lang
* 2 Reißverschlüsse in Hellblau, 35 cm lang
* Baumwollschrägband in Hellblau, 1 cm breit, 3,70 m lang
* Karabinerhaken
* doppelseitiges Klebeband

ZUSCHNITT

* Schnittteil 1: je 1x Oberstoff, Volumenvlies
* Schnittteil 1a: je 1x Oberstoff, Decovil light
* Schnittteil 1b + 1c: je 1x Futterstoff 2
* Schnittteil 2: je 1x Oberstoff, Volumenvlies, 2x Decovil light
* Schnittteil 3 + 3a: je 1x Oberstoff, Volumenvlies
* Schnittteil 4: je 1x Futterstoff 1, Vlieseline
* Schnittteil 4a: 1x Futterstoff 2
* Schnittteil 5: 1x Futterstoff 2
* Schnittteil 6: je 1x Oberstoff, Vliesline
* 1x Stoffstreifen aus Oberstoff, 6 cm x 10 cm

SCHNITTMUSTERBOGEN
2A, 2B + 3A

1 Die Schnittteile zuschneiden. Die Bügeleinlagen für die Schnittteile 1-6 von Oberstoff und Futterstoff 1 auf die linken Stoffseiten bügeln. Schnittteil 3 gemäß der Markierungen rechts auf rechts an Schnittteil 2 nähen und die Nahtzugaben auf 5 mm zurückschneiden. Die Außen-kanten von Teil 3 mit Baumwoll-schrägband einfassen (siehe „So wird's gemacht").

2 Schnittteil 6 links auf links in den Mittelbruch legen, die Nahtzugaben an den Längskanten nach innen le-gen, knappkantig absteppen und ge-mäß der Markierung auf Schnittteil 2 an die Oberkante annähen. Die Ober- und Seitenkanten von Schnitt-teil 1 mit Baumwollschrägband ein-fassen und mit der geraden Kante rechts auf rechts an Teil 2 nähen.

3 Den Stoffstreifen aus Oberstoff in Längsrichtung links auf links in den Stoffbruch legen, die Nahtzugaben nach innen schlagen und knappkan-tig absteppen. Den Karabinerhaken durchziehen, den Streifen zur Hälfte umschlagen und nach der Markie-rung auf Schnittteil 1a annähen.

4 Ebenfalls auf Teil 1a gemäß der Schnittmarkierung jeweils eine Seite der beiden weißen Reißverschlüsse annähen. Die andere Seite der Reiß-verschlüsse wird jeweils an die Ober-kante der Teile 1b und c knappkantig angenäht. Die Unterkante von Teil 1b mit Baumwollschrägband einfas-sen und dann auf das Teil 1a gemäß der Markierung auf dem Schnittteil nähen. Die Seitenkanten der Schnitt-teile 1b und c von Futterstoff 2

knappkantig annähen und Ober- und Seitenkanten mit Baumwollschräg-band einfassen.

5 Mit Baumwollschrägband nun auch die Oberkante von Schnitt-teil 4a einfassen und gemäß Schnitt-markierung auf Schnittteil 4 aufnä-hen. Schnittteil 3a rechts auf rechts auf Teil 4 nähen und die Nahtzuga-ben auf 5 mm zurückschneiden.

6 Schnittteil 5 ebenfalls an der Oberkante mit Baumwollschrägband einfassen und gemäß der Markie-rung auf dem Schnittteil an Schnitt-teil 3a nähen. Die Außenkanten von Teil 3a mit Baumwollschrägband einfassen. Anschließend wird die gerade Unterkante von Schnittteil 1a rechts auf rechts an die Oberkante von Schnittteil 4 angenäht.

7 Nun an die eingefassten Kanten der äußeren Kulturtasche von der vorderen Mitte aus jeweils eine Seite der hellblauen Reißverschlüsse bis zur Ecke Teil 1/3 einnähen. Die ande-re Seite der Reißverschlüsse an die Kanten von Teil 1 einnähen bis zur Ecke Teil 1/3.

8 Die beiden Decovil-Stücke zu Schnittteil 2 mit der Klebeseite zu-sammenbügeln und auf die linke Seite von Teil 2 mit doppelseitigem Klebeband kleben, sodass die Ein-lage unter die Nahtzugaben passt. Eventuell etwas zurechtschneiden.

9 Zum Abschluss wird der Innen-teil der Kulturtasche nun von Hand mit Matratzenstichen auf die Innen-seite der Reißverschlüsse genäht.

Sporttasche

mit extra großem Fach für Saunatücher

GRÖSSE

42 cm x 32 cm x 58 cm

MATERIAL

* Oberstoff 1: laminierter Baumwollstoff in Hellblau mit roten Blumen, 140 cm x 90 cm

* Oberstoff 2: laminierter Baumwollstoff in Dunkelblau mit Blumenornamenten, 140 cm x 90 cm

* Futterstoff 1: Baumwollstoff in Grün mit Zebradruck, 110 cm x 90 cm

* Futterstoff 2: Netzstoff in Olivgrün, 70 cm x 25 cm

* Decovil, 80 cm x 60 cm

* Volumenvlies, 90 cm x 200 cm

* Vlieseline, 90 cm x 140 cm

* Gurtband in Rot, 2,5 cm breit, 5,10 m lang

* Druckknopf in Rot, ø 1,5 cm

* Reißverschluss in Dunkelblau, 80 cm lang

* 2 Reißverschlüsse in Hellblau, 70 cm lang

* 2 Reißverschlüsse in Dunkelblau, 25 cm lang

* 4 Bodennägel für Taschen in Silber

* 2 Leiterschnallen in Schwarz, 2,5 cm breit

* Klemmschnalle in Schwarz, 2,5 cm breit

* Klettband in Rot, 2 cm breit, 85 cm lang

* doppelseitiges Klebeband

* Lochzange oder spitze Schere

ZUSCHNITT TASCHE

* Schnittteil 1: 3x Oberstoff 1, 2x Decovil, 1x Volumenvlies, 2x Vlieseline

* Schnittteil 2: 2x Oberstoff 1, 1x Decovil, 2x Vlieseline

* Schnittteil 3: je 2x Oberstoff 1, Vlieseline

* Schnittteil 4: je 2x Oberstoff 2, Volumenvlies

* Schnittteil 4a: 1x Futterstoff 2

* Schnittteil 5: je 2x Oberstoff 2, Vlieseline

* Schnittteil 6: je 2x Oberstoff 2, Vlieseline

* Schnittteil 9: je 2x Oberstoff 1, Volumenvlies

INNENFUTTER

* Schnittteil 1: je 1x Futterstoff 1, Volumenvlies

* Schnittteil 4: je 2x Futterstoff 1, Volumenvlies

* Schnittteil 5: je 2x Futterstoff 1, Volumenvlies

* Schnittteil 6: je 2x Futterstoff 1, Volumenvlies

* Schnittteil 7: 2x Oberstoff 2

* Schnittteil 8: 1x Futterstoff 2

SCHNITTMUSTER- BOGEN 1A, 1B, 2A + 3A

1 Die Schnittteile zuschneiden. Volumenvlies und Vlieseline für die Schnitteile 1-6 und 9 jeweils auf die linke Stoffseite bügeln. Gemäß der Markierung auf Schnittteil 1 in zwei der Teile 1 und die zwei entsprechenden Decovil-Stücken für die Bodennägel kleine Löcher mit der Lochzange stanzen oder mit einer spitzen Schere kleine Einschnitte machen.

2 Taschenboden: Schnittteil 2 und 3 an den Seitenkanten rechts auf rechts zusammennähen und gemäß der Markierung auf Schnittteil 1 rechts auf rechts an Teil 1 (mit den vorgestanzten Bodenlöchern) annähen. Jeweils eine Seite der 70 cm langen Reißverschlüsse von der vorderen Mitte ausgehend (Zipper treffen sich in der vorderen Mitte) rechts auf rechts bis zur Naht von Teil 2 annähen (siehe „So wird's gemacht"). Die zweiten Schnittteile 2 und 3 an den Seitenkanten zusammennähen und rechts auf rechts an ein weiteres Schnittteil 1 nähen.

3 Die beiden Bodenteile rechts auf rechts ineinander legen, an der Oberkante von Schnittteil 3 knapp über den „Zähnen" des Reißverschlusses zusammennähen (siehe TOPP-Tipps) und durch die Öffnung an Schnittteil 2 wenden. Die Decovil-Stücke für Schnittteil 1 rundherum ca. 1 cm kleiner schneiden und durch die Öffnung einschieben. Dabei darauf achten, dass die vorgestanzten Bodenlöcher übereinanderliegen. Dann die Bodennägel gemäß Herstelleranleitung einarbeiten.

4 Das dritte Schnittteil 1 an die andere Seite der Reißverschlüsse rechts auf rechts annähen und ebenso an das innen liegende Schnittteil 2. Das Decovil-Stück für Schnittteil 2 ca. 1 cm rundherum kleiner schneiden und in die Öffnung von Teil 2 einschieben.

5 Tasche: Die Ober- und Unterkante von Schnittteil 4a mit einem 18 cm langen Stück Gurtband einfassen (siehe TOPP-Tipps). Den Druckknopf gemäß der Markierungen auf den Schnittteilen 4 (Vorderteil) und 4a anbringen. Ein Gurtband in der Länge von 1,15 m zuschneiden und gemäß Schnittteil 4 annähen, Teil 4a dabei mitfassen. Das Annähen des Gurtbandes am Rückteil von Teil 4, ohne die aufgesetzte Netztasche, wiederholen.

6 Den 80 cm langen Reißverschluss jeweils an die Schnittteile 5 gemäß Schnittteilmarkierung knappkantig einnähen und eventuell am hinteren Ende kürzen. Die Oberkanten der Schnittteile 6 jeweils an den Seitenkanten von Teil 5 mit Reißverschluss rechts auf rechts annähen. Zwei Gurtbänder in der Länge von 25 cm zuschneiden und je eine Leiterschnalle durchziehen. Jeweils ein Ende 2 cm umschlagen und verriegeln und gemäß Schnittteil 6 aufnähen.

7 Das Mittelteil, bestehend aus den Schnittteilen 5 und 6, mit den Längskanten rundherum an die Seitenkante und Oberkante von beiden Schnittteilen 4 rechts auf rechts annähen. Mit der linken Seite nach außen zeigend das gesamte Taschenteil von unten

über das Bodenteil, bestehend aus den Schnittteilen 1, 2 und 3, stülpen, rechts auf rechts an die obere Reißverschlusskante nähen und an das außen liegende Schnittteil 2 annähen. Das Decovil-Stück für Schnittteil 1 ca. 1 cm rundherum kleiner schneiden, mit doppelseitigem Klebeband mittig und am Rand verkleben und auf das obere Bodenteil 1 einlegen. Die Tasche durch die Reißverschlussöffnung wenden.

8 Innenfutter: Schnittteil 8 an der Oberkante mit einem 62 cm langen Stück Gurtband einfassen und rechts auf rechts die Ecken zusammennähen. Gemäß der Markierung auf Schnittteil 4 die Innentasche aus Futterstoff 2 einnähen. Auf das zweite Teil 4 das Kletthakenband nach Schnittmarkierung annähen. Die Seitenkanten der Schnittteile 5 an die Oberkanten der Schnittteile 6 nähen. Die beiden Längskanten rechts auf rechts an die Teile 4 mit der aufgenähten Innentasche und dem Kletthakenband nähen. Schnittteil 1 aus Futterstoff 1 an die Unterkante von Teil 4 rechts auf rechts einnähen.

9 Das Innenfutter links auf links in die Tasche heften und dann an die innen liegende Kante des Reißver-

schlusses von Hand mit Matratzenstichen einnähen.

10 An die Ober- und Unterkanten von beiden Schnittteilen 7 jeweils den 25 cm langen Reißverschluss knappkantig einnähen, das Klettflauschband gemäß Schnittmarkierung auf die rechte Stoffseite aufnähen, rechts auf rechts in den Stoffbruch legen und die Seitenkanten zunähen. Den Reißverschluss etwas geöffnet lassen zum Wenden der Innentasche. Jetzt die Innentasche an das Kletthakenband am Innenfutter anbringen.

11 Schnittteile 9 rechts auf rechts stecken und rundherum bis auf eine kleine Wendeöffnung zusammennähen. Nach dem Wenden die Öffnung mit Handstichen schließen und gemäß Schnittteilmarkierung die Klettbänder annähen. Darauf achten, dass das Klettflauschband auf die Rückseite von Teil 9 genäht wird! Das bereits angenähte Gurtband auf dem Vorderteil mittig an Teil 9 festnähen.

12 Das komplette restliche Gurtband einmal durch die Leiterschnalle an Schnittteil 6 ziehen, ein Ende 2 cm einschlagen, nochmals 2 cm umschlagen, vernähen und verriegeln. Durch das andere Ende eine Klemmschnalle ziehen, durch die zweite Leiterschnalle führen und wieder durch die Klemmschnalle führen. Hier ebenfalls das Ende 2 cm einschlagen, vernähen und verriegeln (siehe „So wird's gemacht").

Fahrradtasche für den Lenker

nützlicher Tourenbegleiter

1 Die Schnittteile zuschneiden und auf die linke Stoffseite der Teile die Bügeleinlagen bügeln.

2 Das Gurtband in zwei Bänder von 75 cm Länge halbieren und gemäß der Markierung auf Schnittteil 1 bis kurz vor der oberen Kante von Teil 1 aufnähen. Ein Unterteil eines Druckknopfs jeweils nach der Herstelleranleitung gemäß Schnittteil 1 anbringen.

3 Den Reißverschluss knappkantig an die Schnittteile 3 nähen und die Seitenkanten von Teil 3 mit Reißverschluss rechts auf rechts an die Schnittteile 2 nähen. Die Nahtzugabe an den Seitenkanten auf ca. 5 mm zurückschneiden und mit Baumwollschrägband einfassen (siehe „So wird's gemacht"). Das Seitenteil gemäß Schnittteil 1 von der Markierung aus

beginnend rechts auf rechts einnähen. Die Nahtzugaben auf 5 mm zurückschneiden und mit Baumwollschrägband rundherum einfassen.

4 Die Enden der Gurtbänder zweimal 2 cm einschlagen und vernähen. Nach ca. 7 cm beginnend jeweils drei Druckknopfoberteile im Abstand von 4 cm gemäß der Herstelleranleitung auf den Gurtbändern anbringen. Die Gurtbänder bis zur Markierung „Klettband" an Schnittteil 1 fertig annähen und verriegeln.

5 Je zwei Klettbänder von 20 cm Länge zuschneiden und gegeneinander knappkantig zusammennähen. Diese gemäß der Markierung auf Schnittteil 1 kurz vor der Oberkante annähen und verriegeln.

GRÖSSE
20 cm x 25 cm x 15 cm

MATERIAL
* Oberstoff: laminierter Baumwollstoff in Rot mit Orangenscheiben, 75 cm x 65 cm
* Decovil light, 60 cm x 65 cm
* Vlieseline, 45 cm x 25 cm
* Gurtband in Rot, 2,5 cm breit, 1,50 m lang
* 6 Druckknöpfe in Rot, ø 1,5 cm
* Reißverschluss in Rot, 45 cm lang
* Klettband in Rot, 2,5 cm breit, 40 cm lang
* Baumwollschrägband in Gelb, 2 cm breit, 1,50 m lang

ZUSCHNITT
* Schnittteil 1: je 2x Oberstoff, Decovil light
* Schnittteil 2: je 2x Oberstoff, Decovil light
* Schnittteil 3: je 2x Oberstoff, Vlieseline

SCHNITTMUSTERBOGEN 4B

Gepäckträgertaschen
wasserfeste Einzelstücke

GRÖSSE
44 cm x 36 cm x 31 cm
(für beide Taschen)

MATERIAL
* Oberstoff 1: laminierter Baumwollstoff mit bunten Schirmen, 140 cm x 55 cm
* Oberstoff 2: laminierter Baumwollstoff in Rot mit bunten Kreisen, 1,4 m x 1 m
* Futterstoff: Baumwollstoff in Rot, 1,4 m x 50 cm
* Volumenvlies, 90 cm x 130 cm
* Vlieseline, 70 cm x 80 cm
* Decovil, 70 cm x 100 cm
* Lamifil (Laminierfolie), 45 cm x 230 cm
* 2 Reißverschlüsse in Rot, 60 cm lang
* Gurtband in Rot, 2,5 cm breit, 2,80 m lang
* 8 Steckverschlüsse in Schwarz, 2,5 cm lang
* Klettband in Rot, 2,5 cm breit, 65 cm lang
* doppelseitiges Klebeband

ZUSCHNITT
TASCHEN
* Schnittteil 1: je 2x Oberstoff 1, Volumenvlies, Decovil
* Schnittteil 2: je 2x Oberstoff 1, Volumenvlies, Decovil
* Schnittteil 3: je 2x Oberstoff 2, Vlieseline, 4x Decovil
* Schnittteil 4: je 4x Oberstoff 2, Vlieseline
* Schnittteil 5: je 4x Oberstoff 2, Vlieseline
* Schnittteil 6: je 2x Oberstoff 2, Vlieseline, Decovil
* Schnittteil 7: je 2x Oberstoff 2, Volumenvlies
* Schnittteil 8: je 8x Oberstoff 1, Volumenvlies

INNENFUTTER
* Schnittteil 1: je 2x Futterstoff, Lamifil
* Schnittteil 2: je 2x Futterstoff, Lamifil
* Schnittteil 3: je 2x Futterstoff, Lamifil
* Schnittteil 4: je 4x Futterstoff, Lamifil
* Schnittteil 5: je 4x Futterstoff, Lamifil

SCHNITTMUSTER-BOGEN
1 A , 3 B , 4 A + 4 B

1 Die Schnittteile zuschneiden. Die Bügeleinlagen für die Schnittteile 1 bis 7 auf die linke Stoffseite bügeln. Lamifil nach Herstelleranleitung auf die rechte Stoffseite der Schnittteile 1 bis 5 des Futterstoffs bügeln.

2 Acht Gurtbänder von 20 cm Länge zuschneiden und gemäß der Markierungen auf Schnittteil 1 und 4 aufnähen (siehe TOPP-Tipps). Zwei Klettbänder von 15 cm Länge zuschneiden und gegeneinander knappkantig zusammennähen. Gemäß der Markierung auf Schnittteil 2 annähen und verriegeln.

3 An die Seitenkanten von Schnittteil 3 jeweils rechts auf rechts ein Schnittteil 4 nähen. Den Reißverschluss knappkantig an beide Schnittteile 5 nähen. Die Seitenkanten von Schnittteil 5 mit Reißverschluss rechts auf rechts jeweils an die Seitenkanten von Schnittteil 4 nähen. Das so entstandene Seitenteil (Schnittteile 3, 4 und 5) wird rundherum rechts auf rechts an das Vorderteil genäht. Wiederholen mit den Schnittteilen für die zweite Tasche.

4 Beide Schnittteile 6 rechts auf rechts an den kurzen Kanten zusammennähen und wenden. Eine Längskante an die Oberkante von Schnittteil 2 (Rückteil) rechts auf rechts nähen. Schnittteil 2 gemäß der Markierung rechts auf rechts an die Seitenteile (Schnittteile 3, 4 und 5) nähen und darauf achten, dass Schnittteil 6 zwischen Teil 1 und Teil 5 auf der rechten Stoffseite liegt. Wiederholen mit der zweiten Tasche.

5 Das Decovil für Schnittteil 6 mit den klebenden Seiten zusammenbügeln und durch die noch offene Längskante in Teil 6 einlegen. Gemäß der Markierung auf Schnittteil 2 und 5 Teil 6 in die Oberkante rechts auf rechts mit einnähen.

6 Die Schnittteile für das Innenfutter zuschneiden und wie in Schritt 3 beschrieben aus dem Futterstoff nähen (ohne Bänder und Reißverschluss). Links auf links einsetzen und entlang der Reißverschlusskante knappkantig annähen.

7 Vier Gurtbänder in 18 cm Länge zuschneiden, jeweils ein geschlossenes Teil eines Steckverschlusses durchziehen, das Band zur Hälfte umschlagen und gemäß der Markierung auf Schnittteil 8 rechts auf rechts annähen. Jeweils ein zweites Teil 8 rechts auf rechts auf das Teil mit dem Steckverschluss heften (Gurtband mit Steckverschluss liegt zwischen den beiden Teilen 8) und an drei Seiten zunähen. Nahtzugaben auf

ca. 5 mm zurückschneiden und wenden. Diese dann gemäß Schnittteil 7 annähen.

8 Vier weitere Gurtbänder mit 18 cm Länge zuschneiden und jeweils den offenen Teil eines Steckverschlusses einfädeln, Gurtband zur Hälfte umschlagen und gemäß Schnittteil 7 annähen. Das zweite Teil 7 rechts auf rechts auf das Teil 7 mit den Gurtbändern heften,

rundherum die Kanten zunähen und eine Öffnung zum Wenden lassen. Vor dem Wenden die Nahtzugaben einkürzen und die Ecken schräg zurückschneiden.

9 Schnittteil 7 gemäß der Markierungen an vier Punkten auf Schnittteil 6 nähen. Abschließend die Gurtbandenden knapp umschlagen und absteppen.

Yogarollentasche

ein wirkungsvolles Anfängerstück

GRÖSSE
ca. ø 25 cm x 63 cm

MATERIAL
* laminierter Baumwollstoff mit Ornamenten (Stoff A), 70 cm x 80 cm
* laminierter Baumwollstoff mit floralem Muster (Stoff B), 60 cm x 30 cm
* Baumwollstoff in Pink (Stoff C), 70 cm x 80 cm
* Volumenvlies H 630 (Einlage A), 70 cm x 80 cm
* Decovil light (Einlage B), 60 cm x 30 cm
* Reißverschluss in Anthrazit „Sport" P 60 mit Weraschieber, 65 cm lang
* Baumwollschrägband in Gelb, 20 mm breit x 2,80 m lang
* Gurtband in Weiß, 25 mm breit x 1,65 m lang
* Klemmschnalle in Schwarz, 25 mm

2 Leiterschnallen in Schwarz, 25 mm

ZUSCHNITT
TASCHE
* Schnittteil 1: je 2x Stoff B, Einlage B
* Schnittteil 2: je 1x Stoff A, C, Einlage A

INNENTÄSCHCHEN:
* Schnittteil 3: 1x Stoff C
* Schnittteil 3a: 1x Stoff C
* Schnittteil 3b: 1x Stoff C

SCHNITTMUSTERBOGEN
1 A , 1 B , 3 B , 4 A + 4 B

1 Einlagen gemäß Schnittteile 1 und 2 jeweils auf die linke Stoffseite bügeln.

2 Teil 2 aus Stoff C links auf links auf Teil 2 mit Einlage rundherum knappkantig absteppen.

3 Innentäschchen: Teil 3b an der unteren Kante und Teil 3a an der oberen Kante mit Baumwollschrägband einfassen. Beide Teile gemäß Schnittteil links auf links auf Teil 3 heften und mit Baumwollschrägband die seitliche und untere Kante einfassen. Die Oberkante der Innentasche gemäß Schnittteil 2 annähen. Mit dem Baumwollschrägband die beiden Oberkanten an Teil 2 einfassen (siehe TOPP-Tipp).

4 Den Reißverschluss gemäß Schnittteil 2, entlang des Baumwollschrägbands, einnähen und eventuell am unteren Ende etwas kürzen.

5 Vom Gurtband 2x 10 cm zuschneiden und die Leiterschnalle auf das Gurtband einfädeln, ein Ende 2 cm einschlagen und das andere Ende dagegen legen. Nun das Gurtband mit Leiterschnalle an beiden Teilen 1 gemäß Schnittteil annähen und verriegeln.

6 Teile 1 jeweils an die Seitenkante von Teil 2 rechts auf rechts einnähen, die Nahtzugabe auf ca. 5 mm zurückschneiden und mit Baumwollschrägband einfassen.

7 Das restliche Gurtband wird an einer Leiterschnalle an Teil 1 durchgezogen, 2 cm nach Innen eingeschlagen und verriegelt. Das Gurtband wird durch die Klemmschnalle gezogen, bevor es durch die Leiterschnalle auf der anderen Seite gezogen wird. Abschließend wir es wieder durch die Klemmschnalle gezogen, 2 cm eingeschlagen und verriegelt (siehe TOPP TIPP).

GRÖSSE
38 cm x 16 cm x 46 cm

MATERIAL

* Oberstoff: laminierter Baumwollstoff in Türkis mit bunten Kreisen, 1,40 m x 1,60 m

* Futterstoff 1: fester Baumwollsatin mit bunten Streifen, 50 cm x 30 cm

* Futterstoff 2: Netzstoff in Weiß, 70 cm x 30 cm

* Decovil, 90 cm x 25 cm

* Volumenvlies, 90 cm x 110 cm

* Vlieseline, 90 cm x 110 cm

* Gurtband in Rot, 2,5 cm breit, 1,40 m lang

* magnetischer Taschenverschluss

* Reißverschluss in Grün, 65 cm lang

* 2 Reißverschlüsse in Grün, 20 cm lang

* 4 Bodennägel für Taschen in Silber

* Wäscheleine, 3 m lang

* Baumwollschrägband in Türkis, 2 cm breit, 60 cm lang

* Klettband in Rot, 2 cm breit, 50 cm lang

Badetasche

Pack die Badehose ein!

ZUSCHNITT

TASCHE

- Schnittteil 1:
2x Oberstoff, 2x Volumenvlies

- Schnittteil 2:
je 1x Oberstoff, Futterstoff 1, Volumenvlies, Vlieseline

- Schnittteil 3:
je 1x Oberstoff, Decovil

- Schnittteil 4:
2x Oberstoff, 2x Volumenvlies

- 2x Paspelstreifen aus Oberstoff,
5 cm x 140 cm

INNENFUTTER

- Schnittteil 1:
je 2x Oberstoff, Vlieseline

- Schnittteil 3:
je 1x Oberstoff, Vlieseline

- Schnittteil 4:
je 2x Oberstoff, Vlieseline

- Schnittteil 5:
1x Futterstoff 2

- Schnittteil 6:
2x Oberstoff

SCHNITT-MUSTER-BOGEN 3B + 4A

1 Die Schnittteile zuschneiden. Die Bügeleinlagen für die Schnittteile 1-4 auf die linke Stoffseite bügeln. Gemäß der Markierung auf Schnittteil 1 und 2 den magnetischen Taschenverschluss nach Herstelleranleitung an den Oberstoff mit Volumenvlies anbringen. Schnittteil 2 aus Futterstoff 1 rechts auf rechts auf den Oberstoff legen, an der Oberkante zusammennähen und links auf links umschlagen. Zwei Gurtbänder mit je 70 cm Länge zuschneiden und gemäß der Markierung auf Schnittteil 1 (Rückteil) und Schnittteil 2 aufnähen. Schittteil 2 auf das vordere Teil 1 knappkantig aufnähen.

2 Die Stoffstreifen für die Paspel der Länge nach in den Stoffbruch legen und ca. 1 cm breit absteppen, die Wäscheleine durchziehen und die Nahtzugabe auf ca. 5 mm zurückschneiden. Jeweils mittig an der Unterkante von Schnittteil 1 beginnen die Paspel anzunähen (siehe „So wird's gemacht"). Am zweiten Schnittteil 1 wiederholen.

3 Die Bodennägel gemäß dem Schnittteil 3 nach Herstelleranleitung anbringen. Den Reißverschluss knappkantig an die Schnittteile 4 mit Volumenvlies nähen und die Seitenkanten von Schnittteil 3 und 4 mit dem Reißverschluss rechts auf rechts zusammennähen. Den Reißverschluss etwas geöffnet lassen und das aus Schittteil 3 und 4 bestehende Seitenteil gemäß der Markierung auf dem Schnittteil rechts auf rechts an die beiden Schnittteile 1 so knapp wie möglich entlang der Paspel annähen und wenden.

4 Die Schnittteile des Innenfutters für Oberstoff, Futterstoff 2 und die Vlieseline zuschneiden. Die Oberkante von Schnittteil 5 mit Baumwollschrägband einfassen und gemäß der Schnittmarkierung auf das Schnittteil 1 mit Vlieseline nähen. Die Außenkanten zusammenstecken. Auf die rechte Stoffseite des zweiten Schnittteils 1 mit Vlieseline das Kletthakenband gemäß Schnittteil 1 aufnähen. Die Seitenkanten der Schnittteile 4 mit Vlieseline gemäß der Markierung auf dem Schnittteil rechts auf rechts an die Schnittteile 3 nähen. Das Innenfutter knappkantig an die Innenseite des Reißverschlusses nähen.

5 An beide Schnittteile 6 gemäß der Schnittmarkierung je ein Klettflauschband mit 25 cm Länge auf die rechte Stoffseite nähen. Den Reißverschluss an den Oberkanten einnähen. Das Schnittteil 6 in den Stoffbruch links auf links legen und die Seitenkanten zusammennähen. Darauf achten, dass die Reißverschlussenden exakt aufeinanderliegen und beim Nähen nicht verrutschen. Die Nahtzugaben auf ca. 5 mm kürzen und die Reißverschlussenden vorsichtig mit dem Feuerzeug ansengen. Die Taschen an das Kletthakenband am Innenfutter heften.

Eine saubere Sache dank
abwaschbarem Material.

Schuhtasche

für Wanderstiefel oder Sportschuhe

GRÖSSE
40 cm x 30 cm x 20 cm

MATERIAL
* Oberstoff: laminierter
  Baumwollstoff in
  Anthrazit mit Retro-
  karo, 110 cm x 90 cm
* Futterstoff: Netz-
  stoff in Schwarz,
  35 cm x 35 cm
* Volumenvlies,
  90 cm x 55 cm
* Vlieseline,
  90 cm x 55 cm
* Gurtband in Rot,
  2,5 cm breit,
  3,40 m lang
* 2 Reißverschlüsse in
  Schwarz, 30 cm lang
* Klettband in Rot,
  2 cm breit, 25 cm lang
* Textilsprühkleber

ZUSCHNITT
* Schnittteil 1:
  4x Oberstoff,
  2x Volumenvlies,
  2x Vlieseline
* Schnittteil 2:
  je 2x Oberstoff,
  Volumenvlies,
  Vlieseline
* Schnittteil 3:
  1x Futterstoff

**SCHNITT-
MUSTER-
BOGEN 2B,
4A + 4B**

1 Die Schnittteile zuschneiden. Volumenvlies und Vlieseline für die Schnittteile 1 und 2 auf die linke Stoffseite bügeln. Jeweils ein Schnittteil 1 mit Volumenvlies und eines mit Vlieseline links auf links mit Textilsprühkleber zusammenkleben.

2 Gemäß der Markierung auf Schnittteil 3 die Reißverschlüsse knappkantig annähen. Zwischen die beiden Schnittteile 2 rechts auf rechts heften und annähen. Die beiden Teile 2 jetzt links auf links legen (Teil 3 kommt aus der Naht heraus) und mit Textilsprühkleber zusammenkleben. Ein 30 cm langes Stück Gurtband zuschneiden. Die vordere Kante von Teil 2 mit dem Gurtband einfassen (siehe TOPP-Tipps). Wie auf der Markierung von Schnittteil 2 angegeben das Kletthakenband annähen.

3 Den Mittelteil aus Schnittteil 2 und 3 gemäß der Schnittteilmarkierung knappkantig an die Schnittteile 1 rechts auf rechts annähen und die Nahtzugabe auf 5 mm kürzen. Zwei Gurtbänder in der Länge von 1,20 m zuschneiden und jeweils die Kanten gemäß Schnittteil 1 einfassen.

4 Die vordere Kante von Schnittteil 3 ca. 2 cm nach innen einschlagen und darauf das Klettflauschband festnähen. Die restlichen 70 cm Gurtband an den Enden ca. 2 cm einschlagen und nach der Markierung auf Schnittteil 1 annähen und verriegeln.

GRÖSSE
ø 36 cm, 64 cm lang

MATERIAL
* Oberstoff 1: Cordstoff in Hellblau, 110 cm x 60 cm
* Oberstoff 2: fester Baumwollsatin mit bunten Streifen, 120 cm x 70 cm
* Futterstoff: laminierter Baumwollstoff mit Schirmen, 1,10 m x 1,10 m

* Decovil, 60 cm x 60 cm
* Vlieseline, 90 cm x 225 cm
* Gurtband in Schwarz, 4 cm breit, 6 m lang
* 4 Steckverschlüsse in Schwarz, 4 cm lang
* 2 Leiterschnallen in Schwarz, 4 cm breit
* Klemmschnalle in Schwarz, 4 cm breit
* Textilsprühkleber

ZUSCHNITT SEESACK
* Schnittteil 1: je 1x Oberstoff 1, Vlieseline, Decovil
* Schnittteil 2: je 1x Oberstoff 2, Vlieseline
* Schnittteil 3: je 1x Oberstoff 1, Vlieseline
* Schnittteil 4: je 2x Oberstoff 2, Vlieseline, Decovil

INNENFUTTER
* Schnittteil 2a: je 1x Futterstoff, Vlieseline
* Schnittteil 1: je 1x Futterstoff, Vliesline

SCHNITTMUSTER-BOGEN 1A, 2B, 3A, 3B, 4A + 4B

Seesack

für viel Gepäck, nicht nur auf hoher See

1 Die Schnittteile zuschneiden und mit der Vlieseline verstärken, die jeweils auf die linke Stoffseite gebügelt wird. Außerdem vier Gurtbänder in je 45 cm Länge zuschneiden und gemäß der Markierungen auf Schnittteil 1 annähen (die Bänder liegen flach auf Schnittteil 1).

2 Die Unterkante von Schnittteil 2 mit der Oberkante von Schnittteil 3 rechts auf rechts zusammennähen und die Naht ausbügeln. Die Seitennaht rechts auf rechts zunähen, ausbügeln und wenden. Von der Seitennaht ausgehend das Teil flach hinlegen und die Seitenumbrüche kurz abbügeln. Dann im 90°-Winkel wiederholen, um die vier Achspunkte des Kreises zu erhalten. Schnittteil 1 an die Unterkante von Teil 3 rechts auf rechts annähen (die Gurtbänder liegen zwischen Teil 1 und 3). Das Decovil-Stück für Teil 1 aus Oberstoff 1 ca. 1 cm rundherum kleiner schneiden, mit Sprühkleber besprühen und auf die linke Seite von Teil 1 kleben.

3 Auf die Schnittteile 2 und 3 gemäß der Markierungen die Gurtbänder mit kleiner Stichlänge absteppen und verriegeln. Jeweils den offenen Teil eines Steckverschlusses durchziehen und die Enden zweimal knapp umschlagen und absteppen.

4 Die Schnittteile 4 rechts auf rechts zusammennähen, die Kanten auf ca. 5 mm zurückschneiden, wenden und die Nähte ausbügeln. Die mit Decovil verstärkten Teile 1 mit der klebenden Seite zusammenbügeln, ca. 1 cm an den Seiten und Unterkante kleiner schneiden und zwischen die zusammengenähten Teile 4 einschieben. Gemäß der Markierung auf Schnittteil 2 rechts auf rechts an die Oberkante annähen.

5 Ein 28 cm langes Stück Gurtband zuschneiden und an die Oberkante, mittig über der Seitennaht, festnähen. Das Gurtband durch den geschlossenen Teil eines Steckverschlusses ziehen, nach ca. 17 cm das Band umschlagen, am Ende eine der Leiterschnallen einziehen, das Band 2 cm nach innen umschlagen und im Abstand von ca. 2 cm dreimal vernähen und verriegeln.

6 Das untere Gurtband auf der Seitennaht auf ca. 18 cm kürzen, die zweite Leiterschnalle durchziehen, 3 cm umschlagen und im Abstand von 1 cm mindestens zweimal vernähen und verriegeln.

7 Ein ca. 1,80 m langes Gurtband durch die Klemmschnalle aufziehen, ein Ende 3 cm umschlagen, zusammennähen und verriegeln. Mit dem anderen Ende das Band durch die obere Leiterschnalle (aus Schritt 5) ziehen, durch die noch freie Sprosse der Klemmschnalle und abschließend durch die untere Leiterschnalle (aus Schritt 6). Hier dann das Gurtband ebenfalls 3 cm umschlagen, vernähen und verriegeln (siehe TOPP-Tipps).

8 Für das Innenfutter die Seitennaht von Schnittteil 2a aus Futterstoff rechts auf rechts zu einem „Schlauch" zusammennähen und rechts auf rechts an das Schnittteil 1 nähen (dabei so vorgehen wie in Schritt 2 beschrieben). Das Innenfutter wird links auf links in den Außensack gesetzt und die Oberkanten zusammengenäht. Dann die so entstandene Oberkante mit einem 1,10 m langen Stück Gurtband einfassen (siehe TOPP-Tipps).

9 Anschließend zwei 25 cm lange Gurtbänder zuschneiden, mittig umschlagen und jeweils den geschlossenen Teil eines Steckverschlusses einfädeln. So nah wie möglich an den Steckverschlüssen vernähen und verriegeln. Die Bandenden jeweils 2 cm einschlagen und gemäß der Markierung auf Schnittteil 2 an die Oberkante annähen. Darauf achten, dass die Bänder parallel liegend zur Oberkante festgenäht werden!

Hüfttasche

Hände frei für sportliche Aktivitäten

GRÖSSE
22 cm x 52 cm x 5 cm

MATERIAL
* Oberstoff 1: Baumwollsatin mit bunten Streifen, 55 cm x 25 cm
* Oberstoff 2: Baumwollstoff in Schwarz mit weißen Punkten, 90 cm x 25 cm
* Futterstoff: Baumwollstoff in Schwarz, 40 cm x 25 cm
* Vlieseline, 55 cm x 50 cm
* Gurtband in Schwarz, 4 cm breit, 70 cm lang
* Steckverschluss in Schwarz, 4 cm lang
* Leiterschnalle in Schwarz, 4 cm lang
* Reißverschluss in Schwarz, 20 cm lang

ZUSCHNITT
* Schnittteil 1: je 1x Oberstoff 1, Vlieseline
* Schnittteil 2: je 1x Oberstoff 2, Vlieseline
* Schnittteil 3: 2x Futterstoff
* Schnittteil 4: 1x Oberstoff 2
* Schnittteil 4a: 1x Oberstoff 2
* 1x Besatz für die Reißverschlusstasche aus Oberstoff 2, 2,3 cm x 20 cm

SCHNITTMUSTER-BOGEN 3A

1 Die Schnittteile zuschneiden. Die Vlieseline für die Schnittteile 1 und 2 aus Oberstoff 1 und Oberstoff 2 auf die linke Stoffseite bügeln. An Schnittteil 1 rechts auf rechts die Abnäher nähen.

2 Gemäß der Markierung auf Schnittteil 2 den Besatz aufnähen. Einen Schlitz für die Reißverschlusstasche einschneiden und den Besatz zur Innenseite wenden. Den Reißverschluss rundherum annähen. Schnittteil 4 rechts auf links von der Innenseite an die untere Reißverschlusskante nähen und links auf links umbügeln. An die obere Reißverschlusskante Schnittteil 4a rechts auf links annähen und die Seitenkanten der Innentasche zunähen (siehe „So wird's gemacht").

3 Das Gurtband auf ein 50 cm und ein 20 cm langes Stück zuschneiden und jeweils gemäß der Markierung auf Schnittteil 1 rechts auf rechts annähen. Die Teile 1 und 2 rechts auf rechts aufeinanderlegen, dabei liegen die Gurtbänder zwischen den beiden Teilen. Die Seiten- und Unterkante zunähen und wenden. Nach der Schnittmarkierung den Reißverschluss rechts auf rechts an die Oberkante nähen.

4 Die beiden Schnittteile 3 aus Futterstoff rechts auf rechts jeweils an die Reißverschlusskanten nähen und die Seitenkanten soweit zunähen (die Hüfttasche liegt innerhalb der Teile 3), dass noch eine Wendeöffnung von ca. 10 cm offen bleibt. Das Futter wenden und die Öffnung knappkantig zunähen.

5 Durch das 20 cm lange Gurtband den geschlossenen Teil des Steckverschlusses hindurchziehen und das Gurtband ca. 7 cm umlegen, 2 cm einschlagen und vernähen.

6 Das 50 cm lange Gurtband durch die Leiterschnalle und dann durch den offenen Teil des Steckverschlusses ziehen. Zum Schluss zweimal 2 cm umschlagen und vernähen.

Picknicktasche

schick in Limonengrün

GRÖSSE
27 cm x 25 cm x 32 cm

MATERIAL
* Oberstoff 1: Cord-stoff in Limonen-grün, 85 cm x 60 cm
* Oberstoff 2: Baum-wollstoff in Grün mit Punkten, 85 cm x 55 cm
* Futterstoff: Netz-stoff in Weiß, 25 cm x 45 cm
* Windschutzschei-benabdeckung in Silber (WSA), 85 cm x 65 cm
* Volumenvlies, 85 cm x 90m
* Gurtband in Schwarz, 4 cm breit, 1,30 m lang
* Baumwoll-schrägband in Grün, 2 cm breit, 3,40 m lang
* Reißverschluss in Hellgelb, 75 cm lang
* Reißverschluss in Hellgelb, 40 cm lang
* Reißverschluss in Hellgelb, 20 cm lang
* Textilsprühkleber

ZUSCHNITT
TASCHE
* Schnittteil 1: je 1x Oberstoff 1, WSA, Volumenvlies
* Schnittteil 2: 2x Oberstoff 2, 1x Volumenvlies
* Schnittteil 2a: 2x Oberstoff 2
* Schnittteil 2b: 1x Oberstoff 2
* Schnittteil 3: je 1x Oberstoff 1, WSA, Volumenvlies
* Schnittteil 4: je 1x Oberstoff 2, WSA, Volumenvlies
* Schnittteil 5: je 1x Oberstoff 2, WSA, Volumenvlies

INNENTASCHE
* Schnittteil 6: 1x Futterstoff
* Schnittteil 6a: 1x Futterstoff

SCHNITT-MUSTER-BOGEN
1A, 1B + 2A

1 Die Schnittteile zuschneiden. Das Volumenvlies für die Schnitt-teile 1 bis 5 auf die linke Stoffseite bügeln und die WSA-Teile mit Textilsprühkleber auf die mit Volumenvlies verstärkten Teile kleben. Außerdem ein 60 cm langes Stück Gurtband zuschneiden und gemäß der Markierung auf Schnittteil 1 annähen und verriegeln.

2 Auf Schnittteil 2 mit Volumenvlies das zweite Schnittteil ebenso mit Textilsprühkleber links auf links aufkleben. Den 40 cm langen Reißverschluss knappkantig an die beiden Schnittteile 2a nähen und die Seitenkanten von Teil 2a an die Seitenkanten von Schnittteil 2b nähen. Gemäß Schnittteil 2 die Seitenteile rechts auf rechts annähen und die Nahtzugaben mit Baumwollschrägband einfassen (siehe „So wird's gemacht"). Die Tasche gemäß Markierung auf Schnittteil 1 knappkantig zusammennähen, dabei die Gurtbänder mitfassen.

3 Jetzt das restliche 70 cm lange Stück Gurtband gemäß der Markie-rung an Schnittteil 4 annähen. Die beiden Seitenkanten von Teil 4 rechts auf rechts an die Seitenkanten von Schnittteil 1 nähen. Die Nahtzugaben auf 5 mm zurückschneiden und mit Baumwollschräg-band einfassen. Schnittteil 3 gemäß der Markierung auf Schnittteil 1 einsetzen, annähen und die Nahtzugabe mit Baumwollschrägband einfassen.

4 Für die Innentasche gemäß Schnittteil 6 und 6a den 20 cm langen Reißverschluss knappkantig einnähen. Rechts auf rechts in den Stoffbruch legen und die Seitenkanten zunähen. Wenden und nach Markierung auf Schnittteil 4 an die Oberkante nähen.

5 An Schnittteil 5 Baumwollschrägband rechts auf rechts an die drei Reißverschluss-Seiten nähen und nach innen umschlagen. Gemäß der Markierung auf Schnittteil 4 Teil 5 annähen.

6 An die Oberkante von Schnittteil 1 und 4 nun rechts auf rechts das Baumwollschrägband annähen, nach innen umschlagen und eine Seite des 75 cm langen Reißverschlusses im Abstand von 2 mm an-nähen. Dabei das Baumwollschrägband ca. 3 mm zur Außenseite wie eine Paspel hervorschauen lassen. An Schnittteil 4 das Baumwoll-schrägband von innen 2 cm breit absteppen. Die andere Seite des Reißverschlusses an Schnittteil 5 ebenso annähen.

Handgelenktasche

für alles, was „frau" braucht

GRÖSSE
15 cm x 10 cm x 1 cm

MATERIAL

* Oberstoff: Baumwollstoff in Pink mit Punkten in Orange, 30 cm x 35 cm
* Futterstoff: Baumwollstoff in Orange, 30 cm x 20 cm
* Volumenvlies, 25 cm x 20 cm
* Vlieseline, 15 cm x 15 cm
* 2 Reißverschlüsse in Orange, 15 cm lang
* Gummilitze, 5 mm breit, 23 cm lang
* Baumwollschrägband in Grün, 2 cm breit, 25 cm lang
* Karabinerhaken in Silber

ZUSCHNITT
TASCHE UND
INNENFUTTER

* Schnittteil 1: je 1x Oberstoff, Futterstoff, Volumenvlies
* Schnittteil 2: je 1x Oberstoff, Futterstoff, Volumenvlies
* Schnittteil 2a: je 1x Oberstoff, Vlieseline
* 1x Stoffstreifen aus Oberstoff, 5 cm x 35 cm

SCHNITTMUSTER-
BOGEN 3A

1 Die Schnittteile zuschneiden. Volumenvlies und Vlieseline für die Schnittteile 1 bis 2a aus dem Oberstoff auf die linken Stoffseiten bügeln.

2 Die Gummilitze auf ein 8 cm und ein 15 cm langes Stück zuschneiden. Den Stoffstreifen aus Oberstoff rechts auf rechts legen und einen ca. 1,5 cm breiten Tunnelzug absteppen und wenden. Für die 8 cm lange Gummilitze den Tunnelzug auf eine Länge von ca. 2 cm zuschneiden und die Gummilitze durchziehen. Dabei ein Ende des Tunnelzugs und die Gummilitze zusammennähen, und dann das zweite Ende und die Gummilitze. So kräuselt sich der Stofftunnel um die Gummilitze. Dies mit der 15 cm langen Gummilitze und dem Rest des Tunnelzugs wiederholen.

3 Die Gummibänder gemäß der Markierung auf Schnittteil 1 rechts auf rechts an das Teil aus Oberstoff nähen.

4 An Schnittteil 2a knappkantig eine Reißverschlusshälfte an die Oberkante nähen und an Schnittteil 2 die zweite Hälfte. Teile 2a und 2 an den Seitenkanten knappkantig absteppen. An die Oberkante von Teil 2 eine weitere Reißverschlusshälfte und die zweite Hälfte knappkantig an Schnittteil 1 nähen.

5 Alle drei Schnittteile aus Oberstoff nun rechts auf rechts zusammenheften und die Seiten- und Unterkante zusammennähen (dazwischen liegen die beiden Gummibänder). Darauf achten, dass die Reißverschlusshälften beim Darübernähen exakt aufeinanderliegen. Die überstehenden Reißverschlussenden eventuell etwas kürzen und mit einem Feuerzeug vorsichtig ansengen. Die Nahtzugaben auf 5 mm zurückschneiden und an den Ecken so weit wie möglich schräg zurückschneiden. Das Täschchen links auf links wenden und die Ecken schön mit einer stumpfen Schere ausformen (siehe TOPP-Tipps).

6 Das grüne Baumwollschrägband zusammensteppen und in den Karabinerhaken einfädeln, ein Ende ca. 2 cm einschlagen und vernähen. Das andere Ende gemäß Schnittteil 1 annähen.

7 Schnittteil 1 und 2 aus Futterstoff für das Innenfutter an den Seitenkanten und der Unterkante rechts auf rechts zusammennähen, die Nahtzugabe auf ca. 5 mm zurückschneiden und die Oberkante ca. 5 cm links auf links umschlagen. Das Innenfutter links auf links in das Täschchen einsetzen und mit der Oberkante am innen liegenden Band des Reißverschlusses von Hand mit kleinen Matratzenstichen festnähen. Dabei darauf achten, dass das Band mit dem Karabinerhaken zwischen Innenfutter und Reißverschluss heraustritt.

Thermoflaschentasche

immer eine Erfrischung für unterwegs

GRÖSSE
26 cm x 9 cm x 9 cm (für Thermos-
flaschen bis 26 cm Höhe)

MATERIAL
* Oberstoff 1: Baumwollstoff in
  Hellblau mit bunten Kreisen,
  35 cm x 40 cm
* Oberstoff 2: Baumwollstoff in
  Türkis, 35 cm x 15 cm
* Windschutzscheibenabdeckung
  in Silber (WSA), 35 cm x 40 cm
* Volumenvlies, 35 cm x 40 cm
* Vlieseline, 35 cm x 15 cm
* Gurtband in Weiß, 2,5 cm breit,
  1,70 m lang
* 2 Leiterschnallen in Schwarz,
  2,5 cm breit
* Klemmschnalle in Schwarz,
  2,5 cm breit
* Kordelstopper in Transparent
* Gummikordel in Rot, 40 cm lang
* Baumwollschrägband in Gelb,
  2 cm breit, 55 cm lang
* Textilsprühkleber

ZUSCHNITT
* Schnittteil 1: je 1x Oberstoff 1,
  WSA, Volumenvlies
* Schnittteil 2: je 1x Oberstoff 2,
  Vlieseline
* Schnittteil 3: je 1x Oberstoff 1,
  WSA, Volumenvlies

**SCHNITTMUSTER-
BOGEN 3A**

1 Die Schnittteile zuschneiden. Volumenvlies und Vlieseline für die Schnittteile 1 bis 3 auf die linke Stoffseite bügeln. Danach die WSA auf Schnittteil 1
und 3 mit etwas Sprühkleber fixieren.
Aus dem Gurtband zwei Stücke von je
8 cm Länge zuschneiden und jeweils
eine Leiterschnalle hindurchziehen, ein
Ende 2 cm einschlagen, das andere
Ende dagegen legen und gemäß der
Markierung auf Schnittteil 1 annähen
und verriegeln.

2 Die Seitenkante von Schnittteil 1
rechts auf rechts zusammennähen und
die Naht mit Schrägband einfassen.
Schnittteil 3 rechts auf rechts in die Öffnung von Teil 1 stecken, knappkantig
einnähen und mit Schrägband einfassen (siehe „So wird's gemacht").

3 Die Seitenkante von Schnittteil 2
schließen und rechts auf rechts an die
Oberkante von Schnittteil 1 nähen. Teil
2 in den Stoffbruch legen und einen
ca. 1,5 cm breiten Tunnelzug absteppen.

Die außen liegende Seitennaht innerhalb des Tunnelzugs vorsichtig mit dem
Nahtauftrenner, zwischen Oberkante
und der Tunnel-Stepplinie, auftrennen
und an der Oberkante und der Tunnel-
Stepplinie nochmals verriegeln. Die
Unterkante von Teil 2 rechts auf rechts
an die Innenseite von Teil 1 nähen und
von rechts entlang der Naht Teil 1 und 2
absteppen.

4 Durch den Tunnelzug die rote Gummikordel ziehen und den Kordelstopper
einziehen. Die Enden der Gummikordel
mit einem Feuerzeug vorsichtig ansengen und zusammenknoten.

5 Das restliche Gurtband durch eine
der Leiterschnallen ziehen, das Ende
2 cm einschlagen und vernähen. Das
andere Ende durch die Klemmschnalle
einziehen (siehe „So wird's gemacht")
und durch die zweite Leiterschnalle
führen. Abschließend nochmals durch
die Klemmschnalle fädeln, 2 cm umschlagen und vernähen.

Mein Tipp für Sie

Thermoverstärkung Nehmen Sie eine Windschutzscheibenabdeckung, entweder ausgedient oder aus
dem Baumarkt, als Isolation für die Thermosfla-
schentasche oder die Picknicktasche.

Eva Scharnowski nähte bereits mit fünf Jahren an der Nähmaschine ihrer Mutter und seit dieser Zeit ist die Leidenschaft zu Stoffen und Nähmaschinen ungebrochen. Mit der Kunsthändlerausbildung und dem Textildesignstudium war der Weg zur Designerin für Deko-, Bekleidungs- und Automobilstoffe nicht mehr aufzuhalten.

DANKE!

Wir danken den Firmen Coats GmbH, www.coatsgmbh.de, Prym Consumer GmbH, www.prymconsumer.com sowie Freudenberg & Co. KG, www.freudenberg.de für die Unterstützung bei diesem Buch.

TOPP – Unsere Servicegarantie

WIR SIND FÜR SIE DA! Bei Fragen zu unserem umfangreichen Programm oder Anregungen freuen wir uns über Ihren Anruf oder Ihre Post. Loben Sie uns, aber scheuen Sie sich auch nicht, Ihre Kritik mitzuteilen – sie hilft uns, ständig besser zu werden.

Bei Fragen zu einzelnen Materialien oder Techniken wenden Sie sich bitte an unseren Kreativservice, Frau Erika Noll.
mail@kreativ-service.info
Telefon 0 50 52 / 91 18 58

Das Produktmanagement erreichen Sie unter:
pm@frechverlag.de
oder:
frechverlag
Produktmanagement
Turbinenstraße 7
70499 Stuttgart
Telefon 07 11 / 8 30 86 68

LERNEN SIE UNS BESSER KENNEN! Fragen Sie Ihren Hobbyfach- oder Buchhändler nach unserem kostenlosen Magazin **Meine kreative Welt.** Darin entdecken Sie dreimal im Jahr die neuesten Kreativtrends und interessantesten Buchneuheiten.

Oder besuchen Sie uns im Internet! Unter **www.topp-kreativ.de** können Sie sich über unser umfangreiches Buchprogramm informieren, unsere Autoren kennenlernen sowie aktuelle Highlights und neue Kreativtechniken entdecken, kurz – die ganze Welt der Kreativität.

Kreativ immer up to date sind Sie mit unserem monatlichen **Newsletter** mit den aktuellsten News aus dem frechverlag, Gratis-Anleitungen und attraktiven Gewinnspielen.

IMPRESSUM

FOTOS: frechverlag GmbH, 70499 Stuttgart; lichtpunkt, Michael Ruder, Stuttgart
PRODUKTMANAGEMENT: Nina Armbruster
LEKTORAT: Anja Fuhrmann, Berlin
GESTALTUNG: Petra Theilfarth
DRUCK: frechdruck GmbH, 70499 Stuttgart   PRINTED IN GERMANY

2. Auflage 2013

© 2013 frechverlag GmbH, 70499 Stuttgart

ISBN 978-3-7724-6911-4 • Best.-Nr. 6911